こんにちは！リトミック
さあ はじめよう

坂本真理子●著

 はじめに

　「こんにちは！リトミック」に続き、本書「こんにちは！リトミック　さあ　はじめよう」を、オブラパブリケーションより2010年に発行し、たくさんの子どもたちや指導者のみなさんに支えられ、親しまれてきました。想像をするだけでもわくわくしてくる自分が、なんて幸せだろうと思わずにはおられません。本書は、音楽と動きを通して、人と人とが触れ合い、繋がり、「音楽っていいな」「みんなでするって楽しいな」と思える時間を少しでも多く作りたい、そんな気持ちから生まれました。

　そしてこの度、幸せなことに、株式会社スタイルノートより、再版されることとなりました。これまで本書を使用してきた経験を生かし、数箇所、修正を加え使いやすくなっています。

　これを機に、さらに多くの方々にリトミックの楽しさを感じていただけることを期待しています。

2018年11月

坂本　真理子

 著者 Profile

坂本　真理子（さかもと　まりこ）

国立音楽大学教育音楽学科Ⅱ類（リトミック専攻）卒業。リトミック音楽教室「子供の庭」主宰。1999年〜2001年NHK教育テレビ（学校放送「ストレッチマン」）でリトミックを担当、作詞作曲、番組制作委員を務める。昭和音楽大学附属リトミック教室主任、国立音楽大学附属中学校、高等学校の講師、国立音楽大学夏期講習会ワークショップ講師、長野市芸術館主催リトミック講座講師、を経て、現在、全日本リトミック音楽教育研究会常任理事、本部指導講師。NHK文化センター「教師のためのリトミック」講座講師。その他、ラ・フォル・ジュルネ「熱狂の日」音楽祭キッズプログラム、坂本真理子作品チャリティコンサートなどを経て、2018年11月、長野市芸術館リサイタルホールにて、芸術館主催の「子どものためのリトミック・コンサート」を開催。
著書　『こんにちは！リトミック』『こんにちは！リトミック　さあ　はじめよう』（スタイルノート）
　　　『小学校英語アクティビティ』（共著）（オブラ・パブリケーション）

もくじ

はじめに／著者 Profile　2
本書の使い方　あそびかたについて・演奏について　3

オープニング
さあ はじめよう　6

おやこ いっしょに
ママとさんぽ　10
おかあさんのおひざ（おかあさんとおふね）　11
「にんじんのたね」を うえましょう　12
じゅんびオーケー いってきまーす　13
「新幹線」と「ロープウェイ」　14

物語のなかで
タンポポのたねはパラシュート　16
チャイニーズレストラン　20
ゴリラとマスクのはなし　24
魔女たちの朝ごはん　29
どんぐりのぼうし　32
リスのぼうしやさん　33

 本書の使い方

　本書は、0〜2歳児の「おやこ いっしょに」から、幼児や小学校低学年の子どもたちのリトミックや、障害をもつ子どもの音楽療法のために作曲したものが28曲収められています。発表会や集会で、みんなで動きながら歌える曲も伴奏付きで掲載してありますので、おおいに楽しんでいただけることと思います。

✻ あそびかたについて

「おやこ いっしょに」

　0〜1歳児ではお母さんや保護者の方の膝の上で、ピアノのリズムと一緒に弾ませたり、揺らしたり、抱きしめたり、転がったり、くすぐったりしてあそばせます。スキンシップをすることによって、乳幼児の情緒を安定させ、さらには、コミュニケーションとしての効果も発揮します。

　2歳児になると、歩く、止まる、しゃがむ、ねころぶ、回る、手をたたく、手あそびやまねっこも上手になり、いろいろな反応ができるようになってきます。しかし、まだ集中力も浅いので無理強いせずに行いましょう。楽しいからこそ感覚や能力が育っていくことを忘れないようにします。

「物語のなかで」

　子どもたちは、お話が大好きです。想像しながら動くと集中力も増し、動きも生き生きとしてきます。ここでは、幼児や小学校低学年の子どもたちが想像力を発揮して、音楽の表現や音楽反応を体験できるように指導例を載せてありますので、指導案作成の参考にしていただくことも可能です。また、即興演奏の譜例も掲載しましたので、必要に応じて活用してください。

　さあ、次はあなたが想像力を働かせて必要な音楽の要素を組み入れ、短いストーリーを作って子どもたちを音楽表現へと誘いこむ番です。身近にあるものを題材に、歩いたり、走ったり、跳んだり、手を使っていろいろな動作をしたりしながら、音楽と一緒に動きとストーリーを考えてみましょう。

「いろいろなリズム」

　子どもはあそびをとおして音楽の基礎を学んでいきます。ゲーム的なあそびをくりかえし行っているうちに、拍子感やさまざまなリズムの感覚が身につき、活発な表現活動が行えるようになります。「いろいろなリズム」の曲を組み合わせて、ストーリーへ発展させることもできますので、おおいに挑戦してみましょう。

「発表会・集会に」

　音楽や動きをとおして、「みんなの気持ちが楽しくひとつになるように」を心がけて指導しましょう。動きのある曲は、動きながら歌を覚えてしまうのが早く盛り上げるコツです。歌詞もくりかえしが多いので、動きのリズムにのせてしまえばもう大丈夫。いろいろな工夫で、発表会、運動会など、さまざまな場所で歌って楽しむことができます。

演奏について

　演奏は、楽譜どおりでなくても自分の弾きやすいように変えて演奏しましょう。余裕をもって演奏できるように、コードネームを参考にして伴奏の音を省略するなど、できるだけ楽譜から目を離せるようにします。すると、子どもの動きが見られるようになります。

　ペダル記号が記入されていない曲もありますが、自由に演奏してください。ペダルをつける場合は、音が濁らないようにして入れます。ペダルの入れ過ぎにも気をつけましょう。

いろいろなリズム

ジャングル ジャングル	38
南の島アイランド	40
雨ふりワイパー	43
かみテープ ゆらゆら	48
シャボン玉のワルツ	50
どうぶつのガボット	52

王女さまのドレス	54
みずでっぽうブギ	56
まちどおしいな	58
アップルジュースどうぞ	60
アップルパイどうぞ	61
ポップポップ ポップコーン	62

発表会・集会に

世界中の子どもたち	66
みんなの夢が かなう星	70
星の王子さま	73
ビンバ サンバ	76

オープニング

リラックス・ウォーミングアップ

さあ はじめよう

作詞・作曲　坂本真理子

© 2000 by Japan Broadcast Publishing Co.,Ltd.

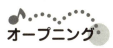

 ねらい リトミック、レクリエーション、音楽療法などのオープニングに。緊張をほぐし、みんなの気持ちをひとつにして、気分を盛り上げるときに最適です。軽快なリズムは、乳児から高齢者まで、脳に心地よい刺激を与え、脳を活性化すると言われています。音楽は言葉のいらないコミュニケーション。だれにでもできる簡単な動きで、初めて会う人同士でも、音楽の楽しさを共感できるような雰囲気を作りましょう。

＊あそびかた＊

　曲の構成が大きく3つに分かれています。歌詞にも次のような意味が込められているので参考にしてください。
　A（8小節）は「さあはじめよう〜あつまれみんな」というように、〈誘いかけ〉
　B（16小節）は〈あそびの提案〉
　C（16小節）は〈強い呼びかけ〉
をテーマとしています。Cに向けて動きを盛り上げていきましょう。
　曲の拍子、フレーズ、構成に留意して、手をたたいたり、手をつないでスイングするなど、参加者同士がスキンシップできる要素を加えた動きを考えましょう。また、対象（参加者）によって動きを変えることも考慮します。

① Aは2拍子の拍で歩く、または足踏みをします。
　余裕があれば、7〜8小節目と11〜12小節目に、手で裏拍（♩♩♩♩）のリズム打ちを加えましょう。

② Bは近くの人と2〜3人組になり、ⒶとⒷの2種類の動きを4小節ずつ交互に行います。
　Ⓐ…手をつないでスイング。自由に踊ります。
　Ⓑ…2拍子で交互に、1拍目に自分の手、2拍目に相手の手をたたきます。
　・13〜16小節目…Ⓐの動き　・17〜20小節目…Ⓑの動き
　・21〜24小節目…Ⓐの動き　・25〜28小節目…Ⓑの動き

③ Cは4小節ずつ4フレーズでできています。
　1フレーズ目（29〜32小節目）の、最初の2小節はかけ足をし、次の2小節で近くの人と握手を3回します。
　2フレーズ目（33〜36小節目）と、3フレーズ目（37〜40小節目）も、同じ動作をします。
　●かけ足は好きな方向へ。いろいろな人と握手ができるようにしましょう。

　4フレーズ目（41〜44小節目）は、ポーズをとって曲の終わりを感じるようにします。2人組でポーズを組み合わせてもいいでしょう。最初の2小節でかけ足しながら一緒にポーズをとる相手を見つけ、3小節目で準備をし、4小節目でポーズを決めます。

おやこ いっしょに

ねらい 親子で行うリトミックのねらいは、親子のスキンシップ、集団活動に慣れる、表現力やリズム感を身につけるという目的の他にも、音楽をとおして得られるさまざまな体験の喜びを、参加者が共感し、分かち合うところにあります。

指導者は柔軟で創造的な考えをもって、音楽を中心に置き、つねに楽しい雰囲気を作って活動できるよう心がけましょう。

いろいろな速さで歩く

ママとさんぽ

作詞・作曲 坂本真理子

1. ママ と さん ぽ ペン ギン お や こ　ママ と さん ぽ ペン ギン お や こ
2. ママ と さん ぽ ぞう さん お や こ　ママ と さん ぽ ぞう さん お や こ

こおりのおやまを シューッ　こおりのおやまを シューッ　ペンギンお や こ
ながいおはなを ブルーン　ながいおはなを ブルーン　ぞうさんお や こ

＊印の（ ）の音は歌わず、ピアノのみで演奏します。

＊あそびかた＊

● 〈1番〉ペンギン親子

①ペンギンのよちよち歩きを親子で行います。手をつないだり、保護者の足に子どもを乗せて歩いたりとスキンシップを心がけながら行います。

②「こおりのおやまをシューッ」のところでは、1～3歳児なら保護者が"たかいたかい"をして上に持ち上げ、シューッとエレベーターのように降ろす動作をします。4、5歳児では、氷のすべり台を滑るように、背伸びをした高い姿勢から、シューッと一直線に走って止まります。

● 〈2番〉ぞうさん親子

①ぞうさんのように大きなイメージで、のっしのっし歩きます。

②「ながいおはなを」では、保護者が子どもを背中から抱きかかえ、遠心力でブルーンとその場で一回りします。

4、5歳児なら腕をぞうの鼻にして、自分で一回りしてみましょう。

その他にも、きりん、らくだ、うまなどの替え歌にして楽しい動作をつけ、速さの違いや緊張と弛緩の変化を楽しみます。

揺れる・緊張と弛緩

おかあさんのおひざ（おかあさんとおふね）

作詞・作曲　坂本真理子

＊あそびかた＊

●おかあさんのおひざ

お母さんのおひざからは、遊園地のようにいろいろな楽しい動きが生まれてきます。

① 子どもは保護者の膝の上で安心しながらも、わくわくしてすわっています。歌の途中の「スイッチポン」では、保護者の膝をたたきスイッチを入れる動作をします。
② スイッチが入ると、保護者は"ぎゅーっ"と子どもを抱きしめます。また、「ギューッ」のところは歌詞を替えて「こちょこちょ」くすぐったり、「たかいたかい」をしたり、いろいろな反応動作をしてスキンシップを楽しみます。

●おかあさんとおふね

『おかあさんとおふね』は『おかあさんのおひざ』と同じメロディで替え歌にして動きます。

① 親子がすわって向かい合い、手をつないでボート漕ぎの動作をします。
② 「おおきななみがザブーン」では、親子で一緒に大波にもまれるように前後左右に揺れ動き、緊張と弛緩の動きを作ってあそびます。

〈トレモロ〉
和音を押さえて、左右に速くふるわせる。

〈グリッサンド〉
和音を弾いたら、すぐに右手の3、4、5のつめを鍵盤にあて、滑らせて上行し、親指のつめを鍵盤にあて、滑らせて下行する。ダンパーペダルを使って、効果を出す。

手あそび・フレーズ

「にんじんのたね」を うえましょう

作詞・作曲　坂本真理子

✲ あそびかた ✲

　大きく分けてA B C D Eの5つの動作を行う手あそびです。動作のイメージを音の強弱やニュアンスに生かし、リズミカルで表情豊かに動きましょう。

　また、空想の言葉あそびは、幼児の想像を刺激し、おもしろい反応が期待できます。子どもたちと一緒にいろいろな「たね」を植えて、想像してあそびましょう。

　にんじんは、じゃんけんのチョキを両手で作ります。じゃがいもはグー、キャベツがパーというように手あそびをします。（動作はそれぞれ楽譜の下を参照してください）

〈例1〉「おもちゃのたね」をうえましょう
両手をグーにして上下にのせ、トントンとたたきます。どんなおもちゃができたかな？　上行する長調の音階に合わせて、だんだん大きくなり、好きなおもちゃになってみましょう。

〈例2〉「ドーナツのたね」をうえましょう
両手でめがねのように輪を作ります。手あそびした後、ドーナツが実ったところを想像して、絵を描いてみましょう。

体あそび・模倣・前半後半の動きの違いを感じる

じゅんびオーケー いってきまーす

作詞・作曲　坂本真理子

＊あそびかた＊

① 2小節ずつのフレーズを感じ、「ハイ！オーケー！」のところで動作をつけたり、リズム（♩♩♩𝄽）をたたいて歌いましょう。

〈例〉
おしっこしたよ　ハイ！オーケー！（腰を3回たたく）
おくつをはいたよ　ハイ！オーケー！（足踏み）
リュックにすいとう　ハイ！オーケー！（両肩）
わすれちゃだめだよ　ハイ！ぼうし（頭）

② 2番はママの番です。子どもも一緒にママの動作をまねしてみましょう。

〈例〉
かぎをもって　ハイ！オーケー！
　　　　　　　　　　（鍵をふって鳴らす動作）
おさいふもったら　ハイ！オーケー！（手をたたく）
おでかけバッグは　ハイ！オーケー！
　　　　　　　　　　（バッグを肩にかける動作）
わすれちゃだめだよ　ハイ！けいたい
　　　　　　　　　　（携帯電話を耳にあてる動作）

③「ママとこうえん」からは、ママと手をつないで歩いたり、向かい合ってスイングをして、ブランコのようにゆらゆら揺らしたりして動きましょう。「いってきます」では、お友だちに手をふってあいさつできるかな？

速さの比較体験

「新幹線」と「ロープウェイ」

作詞・作曲　坂本真理子

しん かん せん は　は や い ぞ　まわりの けしきが とんでゆく
ロ ー プウェイ は　ゆっ く り と　けしきを みながら のぼる

しん かん せん は　は や い ぞ　あー　もう しゅう てん
ロ ー プウェイ は　ゆっ く り と　あー　もう しゅう てん

◆ 譜例1　「新幹線」の即興演奏例

☆歌を使って行う前に、即興演奏に合わせて動いてみましょう。
線路の音を即時反応にはさんで活動することができます。

◆ 譜例2　線路の音の演奏例

くりかえしは、適時、線路を作るのに必要な長さにして使います。
＊印の部分を入れずに曲の最初にももどれます。

〈演奏の Point〉

「新幹線」では、「新幹線」の前奏・伴奏例のようにオクターブ、あるいは5度音程で伴奏するとスピード感が出ます（後奏も同様に）（譜例3）。また、新幹線が走り出す合図になるので、動きのチェンジを図るときに、言葉を使わずに指示を出すことができます。

「ロープウェイ」では、「ロープウェイ」の伴奏例のように2分音符のリズムでゆっくり伴奏し、動きをサポートします（譜例4）。

◆ 譜例3 「新幹線」の前奏・伴奏例

◆ 譜例4 「ロープウェイ」の伴奏例

✻ あそびかた ✻

●歌う

歌に合わせて膝を ♩♩♩♩ とたたきながら、「新幹線」のスピード感を出して歌いましょう。「ロープウェイ」は、ゆっくりの ♩ で膝をたたくか、体を揺らしながら歌ってみましょう。

●動いてあそぶ

〈新幹線と線路〉

① 新幹線の音楽で元気よく走ります（譜例1）。静かな線路の音が聴こえたら、床にうつ伏せになり、親子で手足をつなげ線路を作ります（譜例2）。いろいろな形の線路になるように、工夫してみましょう。

② 新幹線の音楽の前奏が聴こえてきたら、すぐに立ち上がって走ります（譜例3）。新幹線と線路をくりかえしてあそびましょう。

〈ロープウェイ〉

「新幹線」と同じメロディを、速さを変えて「ロープウェイ」の歌詞で歌います。頭の上でロープをつかむ動作をしながら大またでゆっくり歩きましょう。

〈ロープを使ってロープウェイごっこ〉

① ロープを用意します。両端を保護者が持ってロープを張ります。子どもは頭の上のロープをつたって、ゆっくりのぼっていきます。

② 途中でロープを揺らしたり（トレモロ）、下りは急行にして、走って降りる（グリッサンド）など、いろいろな動きを入れてあそびましょう。

〈新幹線とロープウェイ〉

フレーズの区切りで、「新幹線」から「ロープウェイ」に変えるなど、即時的に変化をつけ、曲の速さの違いを感じて、歌いながら動きましょう。

物語のなかで

ねらい 想像力が豊かにはたらく幼児期には、リトミックの内容にストーリー性をもたせ、活動のプロセスに自然な気持ちの流れを作りたいと思います。また、子どもたちと対話をしながら、子どもから発想やアイディアを引き出し、表現活動に生かしていくことも大切です。子どもの感受性を音楽とリズムで刺激し、友だちと触れ合いながら動く活動のなかで、子どもの"感じる心"を育てていきましょう。

強弱の反応・緊張と弛緩・タイミング

タンポポのたねはパラシュート

作詞・作曲　坂本真理子

手あそび　手を合わせて、たねの形にする。／両手を頭の上で、パーッと広げる。／体を揺らしながら、手首をふわふわさせる。

手あそび　最初と同じ。／指導者のまねをして、いろいろなところを押さえる。

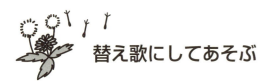

替え歌にしてあそぶ

①手あそびをしながら歌います。＊印のところは替え歌にして、手あそびができます。指導者のまねをして、いろいろなところを押さえてみましょう。
〈例〉頭に、お肩に、ほっぺに、お耳に　etc.

②ストーリーの進行に合わせて、「ライオンの檻に落ちました」「ブルドーザーの上に落ちました」「赤ちゃんのとなりに落ちました」と替えて歌うこともできます。音楽要素を設定して、想像的な音楽反応の活動へ広げていきましょう。

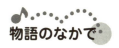

〈動機づけ〉
　タンポポの綿毛に息を吹きかけて飛ばし、飛んでいくのを追いかけたり、黒い紙の上にタンポポのたねを置いて見せたりしてみましょう。軽さと、たねを運ぶパラシュートの形に気づかせます。
　3歳前の幼児には、たねとパラシュートを、お話や絵で伝えるとイメージしやすいでしょう。

 ## ものがたりであそぶ

①タンポポのたねのきょうだいたちが、茎のてっぺんで、風が吹いてくるのを待っています。
　子どもたちは、指導者（または保護者やリーダーなど）の体に指の先でそっとタッチしています。

②「パパラ　パパラー　飛んでゆけ〜」（パパラ＝タンポポのたね）という指導者の言葉の合図で、子どもたちが走り出します。
　指導者は「パパラ　パパラー」をしっかり溜めて言います。「飛んでゆけ〜」の「と」で子どもたちはタイミングよく指先を離し、好きなところに軽やかに走っていき、地面に落ちます。タンポポの茎になる指導者は、場所を変えてくりかえし行いましょう。（音楽なし）

③慣れてきたらピアノの合図で飛んでみましょう。黒鍵のグリッサンドが聴こえたら、小走りで場所を移動します。（譜例1）（グリッサンドについては11ページを参照）
　●ピアノの黒鍵を使って、ペンタトニック（5音音階）で行います。

譜例1

④パパラは、遠いところまで風に乗って飛んでいきます。〔走る〕（譜例2）

譜例2

⑤パパラは、池に浮かんでいる葉っぱの上に落ちます。
　ちょっと疲れたのでお昼寝。力を抜いて葉っぱの上に（床に）横になりましょう。（譜例3）

譜例3

⑥ 大きな鯉が、近づいてきました。「大変だ！大きな口で、ひとのみにされるぞ！」
　おまじないの言葉「パパラ　パパラー　飛んでゆけ〜」で、飛んで逃げます。〔走る〕（譜例４）
　● 「パパラ　パパラー」で緊張（収縮）、「飛んでゆけ〜」で弛緩（発散）のタイミングで行います。

譜例４

鯉が近づいてくる

☆他のストーリーでも「緊張・弛緩」を体験できます。
〈例〉クモの巣に引っかかる。→「大変だ！鬼グモがもどってきた！」

ピンチ!!　　　　　　　　　　　　　逃げろ!!

＊印のタイミングで「パパラ　パパラー　飛んでゆけ〜」を言うこともできます。

⑦ 飛んできたところは、動物園のライオンの檻。
　ライオンに気づかれないように、足音を立てずに、そーっと歩いて（**pp**）檻から出ましょう。
　足音を立てずに静かに歩き、ライオンのほえる声（**mf**）が聴こえたら、すぐにその場で
　止まります。〔強弱〕（譜例５）
　● 静かに歩くようすは全音音階で、ライオンのほえる声はトーンクラスターで表現します。
　　何回かくりかえしましょう。

譜例５

トーンクラスター　↑この音域を、手のひらで上からつぶすように弾く。

⑧ いきなり、「ハッ　ハッ　ハックション！」ライオンのくしゃみで飛ばされました。
　「ハックション」の「ハッ」で、走りながら、床に転がります。〔タイミング〕（譜例６）
　● くしゃみをスタッカートとトーンクラスターで表現します。言葉のみで行うこともできます。

譜例６

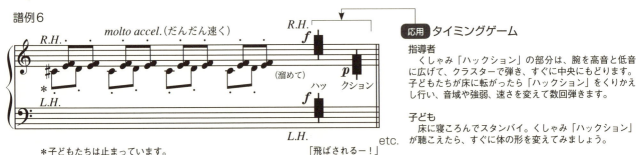

＊子どもたちは止まっています。　　　　　　　「飛ばされるー！」

応用　タイミングゲーム

指導者
　くしゃみ「ハックション」の部分は、腕を高音と低音に広げて、クラスターで弾き、すぐに中央にもどります。子どもたちが床に転がったら「ハックション」をくりかえし行い、音域や強弱、速さを変えて数回弾きます。

子ども
　床に寝ころんでスタンバイ。くしゃみ「ハックション」が聴こえたら、すぐに体の形を変えてみましょう。

⑨ちょうどいいところに風が吹いてきて、牧場の原っぱに落ちました。(譜例2と譜例3を使用してもよい)
　●風に乗って走る動きから、気持ちの安定へとつなげます。

※ストーリーは動物園以外にも、強弱や速さの比較体験ができるもので行ってみましょう。
　〈例〉町のなかで、ブルドーザーの上（f）や、ベビーカーの上（p）

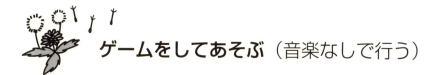

ゲームをしてあそぶ（音楽なしで行う）

歌あそびの前に、集中力を高めるための導入としてあそべます。

①輪を作ってすわります。
　パパラ（オニ役）を1人決めます。
　パパラは、みんなの後ろを足音を立てずに回ります。
　●いろいろな動き方で、走ったり、歩いたり、後ろ向きで歩いたりと変化をつけましょう。

②輪の中のだれかの後ろに、気づかれないようにしてそっと止まります。他の人は、教えないようにしましょう。

③自分の後ろにいることに気づいた人は、「パパラ」（♪♪♪）と手をたたいて当てます。
　輪の人たちは、目をつむる必要はなく、振り向いたり、手探りはしないで、オニが通り過ぎるとホッとしたり、みんなの目の動きや表情から、勘をはたらかせて当てるとおもしろいでしょう。

④何回か同じ人がパパラ（オニ）をしたら、交替します。

歌ってあそぶ

①輪を作ってすわります。
　『タンポポのたねはパラシュート』をみんなで歌いましょう。
　●対象に合わせて、メロディの後半8小節だけ使って行うこともできます。

②パパラになる人を決めて、スカーフのパラシュートを持ち、輪の周りを走ったり、スキップしたりします。

③「だれかのうしろに　おちました」の歌の最後にスカーフを落とします。
　曲の最後の4小節をくりかえして間奏にし、パパラを交替します。
　●みんなにパパラの役が回るようにするには、指導者が「○○ちゃんのうしろに　おちました」と名前を入れて歌い、パパラ役の子どもはその名前を呼ばれた子どもの後ろに落とします。
　　最初は、子どもの自由にまかせて交替させますが、ようすを見ながらなるべく全員に回るように、ゲームのなかで声かけをしていきましょう。

リズムパターン（4/4・2/4）

チャイニーズレストラン

作詞・作曲　坂本真理子

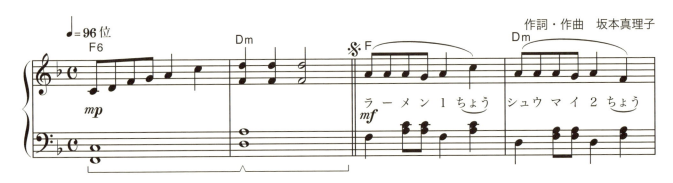

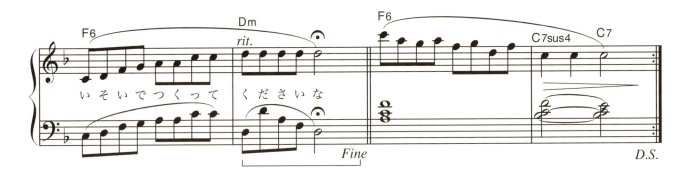

 ものがたりであそぶ
チャイニーズレストラン　準備

　ここは、ワンさんの中国料理店（チャイニーズレストラン）。お店の人は朝から開店の準備で忙しくしています。でも、どんなに忙しくてもあいさつは忘れません。

①買い物に行ったり、店内をせわしなく走り回ったりします。音楽が止まったら、「ニーハオ」と言って近くにいる人とあいさつします。音楽がはじまったら、また走っていきます。（譜例1）
　●中国服を着た人が両腕を前に組んで、「ニーハオ」とあいさつする感じで動作をすると雰囲気が出ます。
　　音楽をよく聴いて ♪ で走り、即時反応で止まり、友だちとすぐにあいさつができるようにしましょう。

譜例1

②ワンさん秘伝のスープを作ります。

　2人組になりAとBに分かれます。Aはスープを作る人、Bは両腕を丸くしてスープの鍋を形作ります。

　Aの人は、♩で鍋の中をかき混ぜ、♫♩でヒミツのかくし味、スープの素を入れます。

　4回行ってから味見して、役割を交替します。（譜例2）

● 「動きの例」を参考に行ってみましょう。

動きの例

♩　♩　　　　♫♫　♫♫

大きくまわして　　さっさっさ　さっさっさ　　（4回くりかえした後、スプーンで味見をする動作）
両腕でかきまぜる　両手のグーを重ねて
　　　　　　　　トントントンとたたく

譜例2

↑この2小節を前奏としても使えます。

☆Aの人は♩、Bの人は♫♫と、リズムの種類で分けて行うこともできます。

③②のリズム表現にジャンケンゲームを加えます。
　2人組で向き合い、Aの人は ♩、Bの人は ♫ ♩ のリズムパターンを3回くりかえした後にジャンケンをします。
　ジャンケンの結果によって動作を変えてみましょう。
　・ジャンケンで勝った人は、堂々と立ったままの姿勢で、人がくぐれるくらい脚を開く。
　・負けた人は、膝を床について床を拭く動作をしながら、勝った人の脚の下をくぐる。
　・あいこのときは、交替にくぐりっこをする。

チャイニーズレストラン　開店

①銅鑼の音を合図に、お客さんがどんどん入ってきます。お店は大忙し。
　「かけあし　シェーシェー」（「動きの例」参照）のリズムで動きます。（譜例3）
　●銅鑼がなければ、替わりにシンバルをばちでたたいて、中国風な雰囲気を出しましょう。

動きの例　｜♫ ♫ ♩ ♩｜
　　　　　かけあし シェーシェー
　　　　　走る　止 あいさつ ←両足をそろえて、両手を前で重ね、頭を下げてあいさつをする。

譜例3

etc.

②お客さんが注文をします。（注文をするリーダーを決める）
　リーダーはいろいろなメニューを考え、リズムに合わせて手をたたきます。
　リズムパターンごとに方向を変えて、みんなでリズムのまねをしましょう。
〈例〉

 ## チャイニーズレストラン　閉店

①お店を閉めた後は、明日の準備。ぎょうざの仕込みをします。
　リズムに合わせて、皮に具を乗せ、包みましょう。

| つま　んで | のせ　て | キュッキュッキュッ | キュッキュッキュッ | ぎょ　ざ | ぎょ　ざ | キュッキュッキュッ | キュッキュッキュッ |

↑ぎょうざを半円にして閉じる動作

②リズムアンサンブルをします。3つのリズムに分かれて、リズムの合奏をしてみましょう。
　Aぎょうざ（♩ ♩）（タンバリン、クラベス etc.）
　Bスープ（♩）（トライアングル etc.）
　C調味料（かくし味）（♫ ♩）（カスタネット、ウッドブロック etc.）
　●言葉と手の動作で行った後に、打楽器を使って行います。
　●指揮者を決め、指揮者が合図を出した組（人）がリズムを打ったり、楽器を鳴らします。
　　リズムを組み合わせたり、強弱の表情をつけたりと、対象に合わせて無理のない活動になるよう、気をつけて行いましょう。

 ## 歌ってあそぶ

『チャイニーズレストラン』の歌を使って行います。

①床にすわって行います。
　歌を覚えて、次のような動作で手を打ちながら歌いましょう。
　4拍子のリズムの1拍目は床をたたき、2～4拍目はいろいろな方向へ手を打ちます。

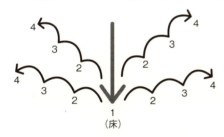

②2人組になって向き合い、手を合わせて打ちましょう。

2拍子・3拍子・アクセント・タイミング・リズムパターン

ゴリラとマスクのはなし

作詞・作曲　坂本真理子

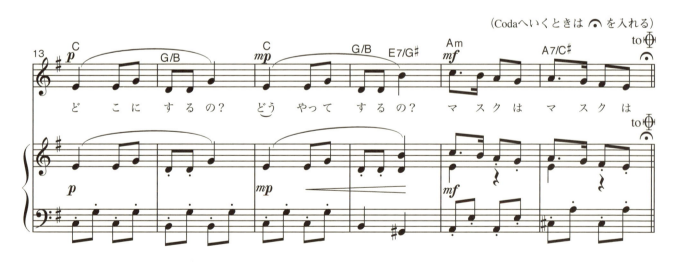

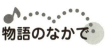

(Codaを省いて終わることも可能。その場合はFineで終わる)

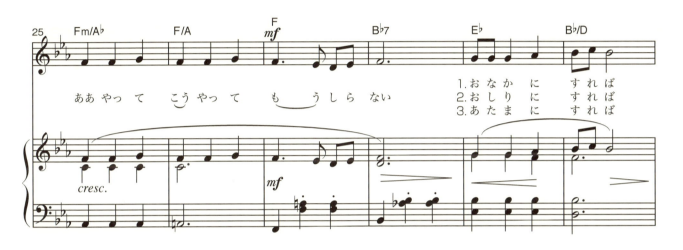

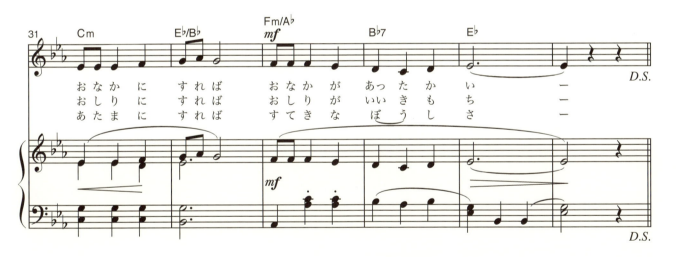

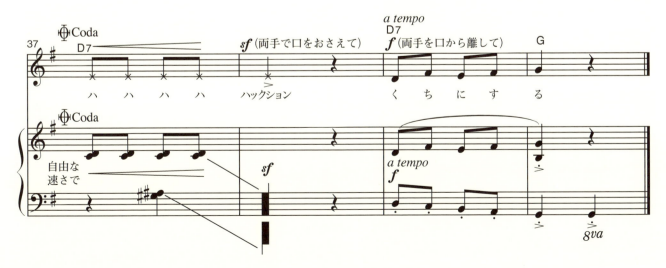

ものがたりであそぶ

　動物村では、風邪が大流行。あっち、こっちから、「ハ　ハ　ハ　ハクション！」くしゃみが聞こえます。

①動物たちがくしゃみをしています。みんなでまねしてみましょう。
　〈例〉
　　かばさんのくしゃみは？（ゆっくり大きなくしゃみ）
　　りすさんのくしゃみは？（小さくはやいくしゃみ）

②くしゃみごっこをします。くしゃみが出そうなときは、どんな表情になりますか？どんな声が出るでしょう。
　指導者が、くしゃみが出そうなときのように「ハッ　ハッ」と息を吸い込んだら、子どもたちはタイミングを合わせて「ハクション！」と言いながら手を1回たたきます。〔アクセント〕
　● 「大きいくしゃみ」や「小さいくしゃみ」のタイミングがうまく合うようにしましょう。
　　また、フェイントを加えたりして、楽しくあそびましょう。

〈例〉

　　ハ　ハ　ハ　ハ　ハックション　　ハ　ハ　ハクション　　etc.
　　（指導者）　　（子ども）　　　　（指導者）（子ども）

　また、ピアノでクラスター奏法を用いて、大きなくしゃみに飛ばされてみるのもおもしろいです。（譜例1）

譜例1

＊印は音域を広げて、クラスター奏法（手のひらで音のかたまりを作る）で弾きましょう。

③「ハ　ハ　ハ　ハーッ！　ムニャムニャムニャ」またたれかがくしゃみをしそうだ！
　ふくろう薬局から電話です。「マスクが足りないので、すぐに届けてください。
　マスクは大きいのや小さいのをいろいろ混ぜて、大至急にお願いしますよ！」
　自転車に乗り、走ったり止まったりして動物村にマスクを運びましょう。〔走る〕（♫）
　●譜例2・3は自転車の譜例です。弾きやすいほうを選んで、参考にしてください。

譜例2

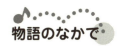

譜例3

④荷物を受け取ったのは、お留守番のゴリラくん。
　おいしい食べものかと思って荷物を開けてみたら、マスクがたくさん入っています。
　ゴリラくんはマスクをはじめて見ました。「マスクって書いてあるけれど、なんだろう？」
　「洋服にしては小さいし…どこにするの？どうやってするの？」ゴリラくんは、考えました。
　そうだ！おなかにしよう！　マスク　ビヨ〜ン（♩♩♩♩.）（譜例4）
●マスクをおなかにあてて、ゴムを両手で引っ張るイメージで動きます。
　おなかを3回たたいて、外に向けて腕を広げましょう。

譜例4

☆頭、目、胸、おしりetc.さまざまなところにマスクをあててみましょう。
おなかにすれば、腹巻き。頭にのせれば、ステキな帽子…「でもちょっと違う…？？」
指導者は想像力をはたらかせて、さまざまな活動へとつなげていきましょう。

⑤ゴリラくんは、ひらめきました。
　「そうだ！絵本で見たことがある。マスクを木と木にぶら下げてお昼寝したら、きっと気持
　ちがいいぞ」ゴリラくんは、ハンモックを思いつきました。マスク　ビヨ〜ン（♩♩♩♩.）
●「マスク」で3回手をたたき、「ビヨ〜ン」で走って、木にゴムを引っかける動作をしましょう。
●（走るスペースがないときは）2人組で向かい合って、マスク（♩♩）と手を合わせてたたき、
　ビヨ〜ン（♩.）では、両手をつないで、後ろへ反り返るように引っ張り合います。

⑥いっぱい走って汗をかいたゴリラくん。鼻がムズムズしてきました。
　「ハ　ハ　ハ　ハックショ〜ン！！」思わず口を押さえたゴリラくん。
　マスクは、口にするんだね。

歌ってあそぶ

『ゴリラとマスクのはなし』の歌を歌いながら行います。

① A　ト長調　4分の2拍子…輪になって中心を向きます。
　膝と手を2拍子で交互にたたくか、1拍目は左手を下にして、右手で自分の手をたたき、
　2拍目にそのまま右手を広げて右側の人の左手をたたきます。

② ①の動作ができたら、リーダーを決めます。

みんなで、①のリズムを手でたたきながら、リーダーはフレーズの最後で、両手を体のいろいろな場所にもっていきます。みんなはそれを見て、リーダーのまねをします。

●フレーズの最後は 𝄐 にして、リーダーのまねをしやすくしましょう。

〈例〉

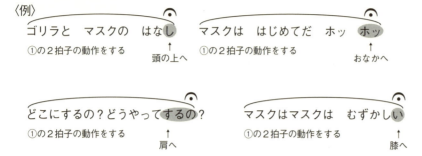

③ B 変ホ長調　4分の3拍子…2人組になって、3拍子のリズムを打ちましょう。

1拍目は自分の手を強く打ち、2、3拍目は相手の手をやさしくたたきます。

21小節目「どこにするの」から「もうしらない」まで行います。

●2人組の準備をするときは、17～20小節目の伴奏だけをくりかえして間をとります。

④ 29小節目「おなかに」は、おなかを ♩♩♩ と3回たたきます。

30小節目「すれば」で、両手でマスクのゴムを引っ張るように、♩.（ビヨ～ン）と外に向けて腕を広げます。

●ここでも、おなか、おしり、頭、いろいろなところをたたいてみましょう。

⑤ ダル・セーニョ（D.S.）で最初のメロディにもどります。

最後は、Fineで終わるか、コーダにいくか自由に選べます。

コーダにいく場合は、フェルマータ（𝄐）で間をとってから、くしゃみのリズムへいき、呼吸を合わせて「くちにする」を歌って終わります。

 ## リズムであそぶ（応用）

♩♩♩♩. のリズムを使って、ボールを転がしてあそびましょう。

譜例3・4を参考にして、「ボールを転がす」や「走る」リズムの即興演奏で行います。

① 2人組で向き合ってすわり、ボールを2人で1つずつ使います。

ピアノに合わせてボールをついたり、転がしたりしましょう。（譜例4参照）

●リズムの形やまとまりを感じ、体の中にリズム感を育てていきます。

② 音楽が止まったらボールを持っている人はすぐに立ち、ピアノの走るリズムに合わせて走っていきます（譜例3参照）。リズムがもどったら近くの人と組んで①をくりかえしましょう。

慣れてきたら ♩♩♩ を、♫♩ や ♩♫ に変えて行うこともできます。

〈例〉

アウフタクト（弱起）のフレーズ（ケンパであそぶ）

魔女たちの朝ごはん

作詞・作曲　坂本真理子

☆移調の練習をしましょう。
　ホ短調からイ短調まで半音ずつ上げていくと、くりかえしに変化がつきます。

＊（　　）は、魔女のスペシャルメニューが入ります。
　ドングリのケーキ、カエルのシチュー、ヘビイチゴのジャムetc.
　替え歌にして歌いましょう。

〈動機づけ〉

　絵本を見ながらみんなで想像して、「魔女はどんなところに住んでいるの？」「魔女の好きな食べものは何だと思う？」など話し合い、子どもたちがワクワクしながら活動に入っていけるように、動機づけを十分にしましょう。

 ものがたりであそぶ

①魔女たちは、何でも人間と反対のことをします。人間の夜が、魔女たちにとって朝です。
　反対の言葉であそんでみましょう。
　〈例〉おはよう↔おやすみ　行ってきます↔ただいま etc.

②指導者の言うことと反対のことをします。〔反対信号〕
　〈例〉「立って」↔「すわって」「歩いて」↔「止まって」（歩くリズムは自由）

③魔女の森へ行ってみましょう。
　ほうきにおまじないをかけて空を飛んでいきます。〔走る〕〔譜例1〕

29

譜例1

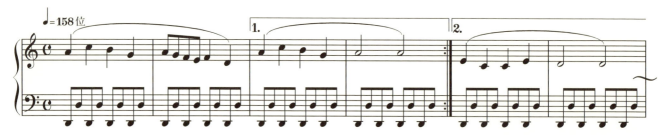

<演奏のPoint> ドリア旋法（教会旋法）

ドリア旋法を使って、即興演奏を行いましょう。伴奏はオスティナート（音を変えないで行う伴奏型）を用います。（譜例1）

レからはじめる場合（∨は半音の位置）

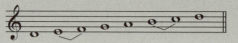

④魔女の森に着きました。あたりは真っ暗です。
　木にぶつからないように♩で歩いたり、♩でふくろうに変身して、「ホー　ホー」と体を揺らしながら鳴きましょう。（譜例2）

譜例2

こわごわと♩で歩く　　　　　ふくろうになって「ホー　ホー」と鳴きながら揺れる

⑤魔女たちは、朝ごはんの準備。「さあさあ、どこへ行っていたの？早く席について」
　魔女に言われて、子どもたちは輪になってすわります。
　朝ごはんの前に歌を歌うのが、この森の魔女のしきたり。『魔女たちの朝ごはん』の歌に合わせて「まじょ　たちの（♩♩♩）」～と、膝を3回ずつたたきます。

歌を使ってゲームをする（アウフタクト）

①みんなで輪になって、タンバリンのお皿を歌に合わせてとなりの人へ渡していきます。
　強拍（アクセント）の前の弱起（アウフタクト）で腕を上げ、拍子の1拍目でとなりの人に手渡します。（譜例3）

譜例3

まじょ　た　ち　の　あ　さ　が　き　た　　etc.
↑　　　　　　　　　　↑
腕を上げる　おろしながら　腕を上げる　おろしながら
　　　　　　となりへ渡す　　　　　　　となりへ渡す

歌が終わったときにタンバリンを持っていた子どもは、輪の周りを1周し、また最初にもどってゲームを続けます。すわっている人は拍を手でたたきましょう。（譜例1参照）
●人数や状況に合わせて、1周ではなく、かけ足の音楽が終わるまででもよいでしょう。
　歌の前奏（曲の終わり2小節）が聴こえたら、輪の中に入ってすわります。

★さらに発展★

子どもたちに人気のゲームです。

1周した子どもはシェフになって、教室にあるテニスボール、カラーゴム、スカーフ、カスタネットなどを、タンバリンの中に入れて「魔女メニュー」を作ります。（例えば、スカーフとテニスボールで「クモの巣のパンとワニのゆで卵」etc.）

シェフがみんなに作ったメニューを知らせるか、みんながどんなメニューかを当てるゲームにしても楽しいでしょう。

 ## 歌を使ってゲームをする（アウフタクトのフレーズ）

『魔女たちの朝ごはん』の歌で動きます。

①2人組になり、歌いながら手合わせでリズムをたたいてみましょう。（譜例4）
　1コーラスずつ、2人組を交替してもやってみましょう。

譜例4

☆トン…自分の手をたたく　　パッ、パ…相手の手と合わせてたたく

②手合わせで行ったリズムを、下の図のようにその場で跳んでみましょう。（譜例5）
　うまくリズムに乗れたら、動いて跳んでみましょう。

譜例5

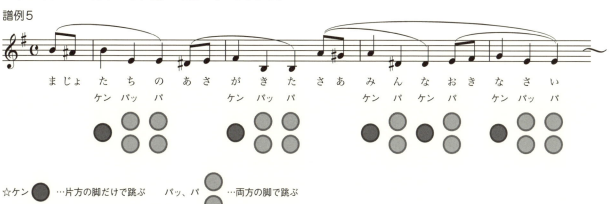

☆ケン ●…片方の脚だけで跳ぶ　　パッ、パ ○○…両方の脚で跳ぶ

③ ②の図のようにフープを置いて、みんなで交替に1フレーズずつ跳びましょう。

④フレーズが感じられたら、曲線を使って好きなようにフレーズの線を描いてみましょう。
　フレーズの区切りに気をつけて、空中に腕を使って描いたり、紙にも描いたりして、フレーズの長さ〈短・短・長〉が感じられるようにしましょう。

速さ（歩く、走る、ゆっくり動く）・2/4・リズムパターン

どんぐりのぼうし

作詞・作曲　坂本真理子

※この物語は、『どんぐりのぼうし』と『リスのぼうしやさん』の2曲を用いてあそびます。

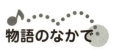

リスのぼうしやさん

作詞・作曲　坂本真理子

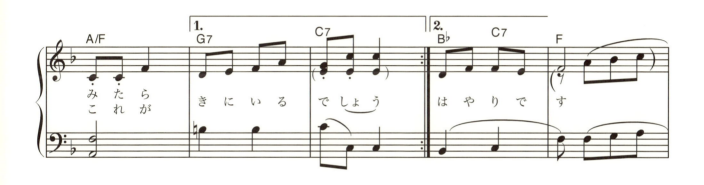

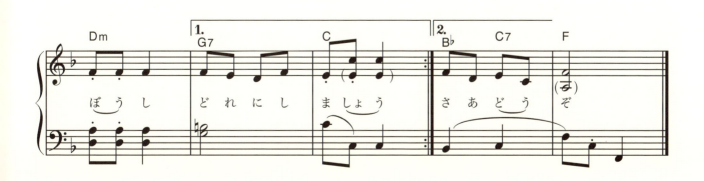

〈動機づけ〉
　いろいろなどんぐりや木の実を拾って、大きさ、形のちがいを見比べてみましょう。小指の内側にサインペンで小さく顔を描き、どんぐりの帽子をかぶせると、小指がお話をしているようにも見えます。小指の大きさに合う帽子を探したり、ぶかぶかな帽子をのせてみたりすると、まるで自分に合う帽子を探すときのようにわくわくします（すぐに落ちてしまうときは、指先に、少しだけのりをつけます）。このあそぶ体験が、想像活動に広がっていくようにしましょう。

『どんぐりのぼうし』であそぶ

　簡単なストーリーをつけ、動きやリズム・歌を入れて表現してみましょう。
　『どんぐりのぼうし』は4分の2拍子で、歌の部分は16小節ですが、後半8小節のメロディだけを使って行うこともできます。子どもの年齢や集中力に合わせて使い分けましょう。

①どんぐりが高い木の枝でお昼寝をしています。
　両腕を伸ばして頭の上に上げ、木の枝にぶら下がる動作をしましょう。（譜例1）
　風が吹いてきて、どんぐりが揺れます。すると突然、強い風が吹いて、どんぐりが地面に落ちてしまいました。
●下行するグリッサンドとクラスターで、落ちるタイミングに気づかせましょう。
　体を伸ばす（緊張）と落ちる（弛緩）を体で感じられるようにします。

譜例1

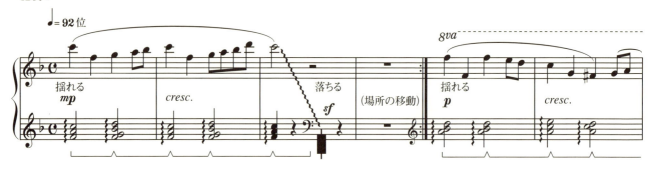

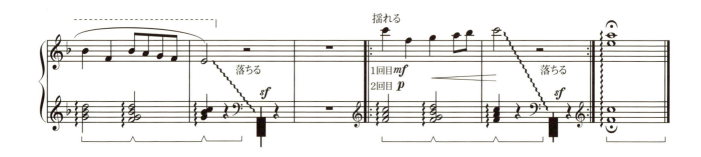

②落ちたところは、山道。コロコロ床を転がりましょう。（譜例２）

譜例２

③「あれっ　帽子がない！」山道を転がっているうちに、帽子を落としてしまったようです。
　　そのとき、ありが重たい荷物を持ってやってきました。「そうだ。ありさんに聞いてみよう」
　　『どんぐりのぼうし』を歌いながら、楽譜のリズムに合わせて♫♩と手をたたきましょう。

④ありは、「見なかったよ。じゃあ、一緒に風さんに聞いてみようよ。そのかわり、この重たい荷
　　物を運ぶのを手伝ってくれないかなぁ」
　　どんぐりは、重たい荷物を、ありと一緒に運びます。〔歩く〕（譜例３）

譜例３

☆この譜例はミクソリディア旋法（教会旋法）を使っています。37ページの〈演奏のPoint〉を参考にして、即興演奏をしてみましょう。

⑤風が吹いてきました。「あっ、風さんだ！呼んでみよう」
　「ありさん」を「かぜさん」に変えて、『どんぐりのぼうし』を歌います。高い空を吹く風さんに
　聞こえるように、楽譜のリズムに合わせて♫♩といろいろな方向へ手をたたきましょう。

⑥「知らないなぁ。カタツムリのおじいさんなら知っているかもしれないよ」
　風の後について走っていきます。〔走る〕（譜例４）

譜例４

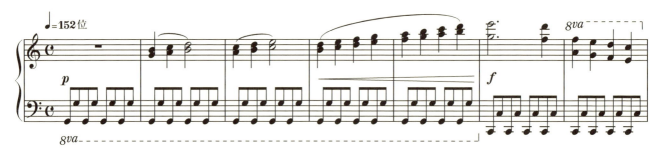

⑦カタツムリが、地面をゆっくり歩いています。
　「ありさん」を「カタツムリさん」に変えて、『どんぐりのぼうし』を歌います。
　楽譜のリズムに合わせて、両手で床を♫♩とたたきます。
　●テンポを遅くして、カタツムリの動きのようにゆっくり歌います。
　●「カタツムリさん」が言いにくい場合は、指導者が歌い、子どもたちは手だけたたきましょう。

⑧「そう言えば、リスが帽子屋をはじめたと聞いたがなぁ…」
　カタツムリのおじいさんと一緒に、ゆっくり床をはって動きます。（譜例５）

譜例５

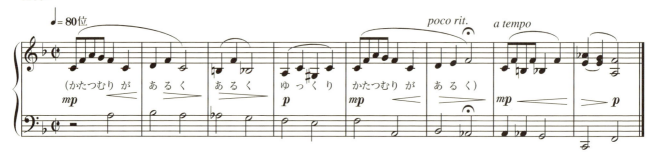

⑨やっとのことで、リスの帽子屋さんに着きました。
　「ありさん」を「リスさん」に変えて、♫♩と手をたたきながら『どんぐりのぼうし』を歌います。
　「どんぐりさんの帽子って、これじゃないですか？さっき道のとちゅうにいっぱい落ちてたので、
　拾ってきたところですよ」どんぐりの帽子がたくさんお店に並んでいます。
　いろいろかぶってみて、やっと、どんぐりは自分の帽子をみつけることができました。

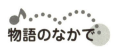

『リスのぼうしやさん』であそぶ

　『リスのぼうしやさん』の歌を使って動いたり、手をたたいたりしましょう。
　打楽器を使ってたたいたり、みんなでちがう音のする楽器を持って、音を楽しむのもよいでしょう。

①歌に出てくる♫♩のリズムをたたきましょう。
　くりかえしてたたけるようになったら、歌に合わせてリズムをたたきましょう。
　●うまくタイミングが合わないときや、子どもたちに落ち着きがないときは、指導者がタンバリンを持って子どもに差し出すやり方も試してみましょう。
　　自分の前にタンバリンがきた子どもが♫♩のリズムを2回ずつたたきます。

②ちがう音のする楽器を人数分用意して、輪にして並べます。順番に楽器を鳴らしていきましょう。
　Ⓐは、みんなで歌いながら、帽子を選んでいるときのように、楽器の周りを歩いて回ります。
　2番の歌詞「いまはこれが　はやりです」のフレーズの1拍目ですわり、楽器を手にとって鳴らす準備をします。
　Ⓑは、1人ずつ順番に、自分の楽器で♫♩のリズムを鳴らしていきましょう。
　　　　　　　　　　　　　　　　　　ぼうし
　●最初にリズムを鳴らす楽器を決めておきます。
　　指揮者の合図で、指された人が音を出していくのもよいでしょう。
　　その場合、前もって指揮者は楽器の輪の中に入って行います。

③Ⓑのリズムパターンは、テンポを速くしたり、ゆっくりしたりしてあそびましょう。

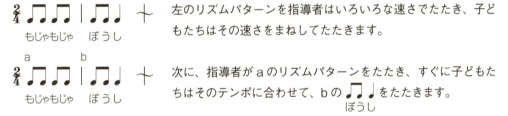

●ゆっくり、少し速くなど、いろいろな速さに変えて行ってみましょう。

〈演奏のPoint〉
ミクソリディア旋法（教会旋法）

ソからはじめる場合（▽は半音の位置）　　　伴奏例…オスティナート（音を変えない伴奏型）

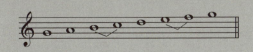

いろいろなリズム

ねらい いろいろなリズムを、それぞれの特徴を生かして楽しく動きましょう。
$\frac{3}{4}\cdot\frac{4}{4}\cdot\frac{6}{8}$拍子、リズムパターン、リズムフレーズ、というリズムの要素の他に、ブギ、ワルツ、ガボット、メヌエットなど、いろいろな音楽を、模倣活動を含む想像的で楽しい動きを通して体験していきます。

音楽をよく聴いて集中させる部分と、思いっきり自由に表現させる部分のバランスをとるようにしましょう。

拍子（4拍子）・強弱・声や体を使う模倣表現

ジャングル ジャングル

作詞・作曲　坂本真理子

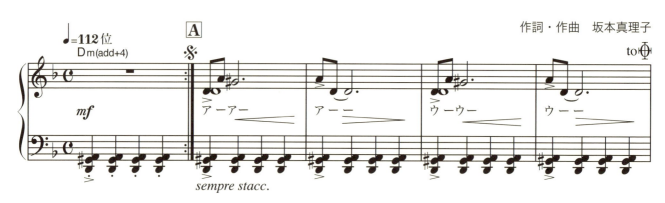

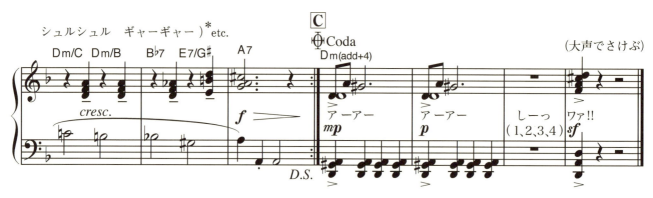

＊印の（　）は、動物の鳴き声や木のざわめきなど、ジャングルの音を出しましょう。

＊あそびかた＊

　　　　　ここは、ジャングル。ジャングルにはどんな生き物がいると思う？絵本や写真などを
　　　　見せながら、子どもと対話をしましょう。

●リズムであそぶ
輪になってすわり、アフリカの太鼓をたたくように、膝やタンバリンをたたきましょう。
①まず拍だけを、アクセントをつけずに、手でたたきます。
　　●強くたたいてしまうときは、胸や頬をたたくと力が弱まります。
　音楽がストップ、または「ハイ」の合図があったら、両手を体のどこかにくっつけるなど、
　即時反応を入れて拍を安定してたたけるようにしましょう。

②拍が安定して手でたたけるようになったら、アクセントをつけます。
　「ハイ」の合図で膝やタンバリン（自分の前に置いておく）を両手で強く1つたたき、また
　手にもどります。
　タイミングよくたたけたら、4拍子で、♩♩♩♩のリズムをくりかえしましょう。

③歌と合わせてみましょう。Aは、太鼓をたたく動作です。4拍子のリズムを打ちましょう。

　　　　　　　　　　　　　1拍目のアクセントで膝やタンバリンをたたき、2、3、4拍目は手をたたきます。
　　　　　　　　　　　　　慣れてきたら、左のリズム譜のように、2、3、4拍目は順に手を上に上げてたたき、
　　　　　　　　　　　　　1拍目を強調してたたけるようにしましょう。

　Bは、ジャングルで聞こえる音を考えて、声で表現してみましょう。
　〈例〉ライオン、ゾウ、サルなどの動物の鳴き声、木がざわざわする音 etc.
　　●ジャングルの動物や生き物の模倣活動を先に体験してから行います。
　　　空想の植物や生き物を想像してもおもしろいでしょう。（巨大とかげ、人食い花 etc.）

④Cは、コーダです。4拍子を打つ動作をだんだん小さく、弱くしていき、全休符（▬）
　では音をたてないようにして、最終小節の1拍目で、「ワァ!!」（sf）と声を上げましょう。

●動いてあそぶ
動きを入れて、やってみましょう。
①「さあ、ジャングル探検に出発です。道が悪く、なかなか思い通り進めません」
　Aの1～4小節目は、4拍子の4拍ずつ、前進、後退して歩きましょう。
　Aの5～8小節目は、4拍子の1拍目を強く脚で踏んで元気よく歩きます。
　　腕を1拍目で振り、1拍目のアクセントをしっかり感じとれるようにしましょう。

②Bは、ジャングルにいる動物や生き物になって動いたり、鳴き声をまねしたりします。
　ジャングルの木や、吹き抜ける風になってもおもしろいです。

③ダル・セーニョ（D.S.）でAにもどります。
　Cは、体をだんだん小さくして歩いて行き、全休符で動きをタイミングよく止めます。
　体を縮めたまま、1、2、3、4と声を出さずに数えて、最後に、「ワァ!!」と声を上げます。
　びっくりしたり、させたり、強弱の変化を感じて楽しく動きましょう。

✽ あそびかた ✽

4小節ずつ、同じリズムで作られています。動作をつけてリズムを覚え、歌いましょう。
♫ は、弾んだ ♫ のリズムにして演奏します。𝄾♪ は 𝄾♪ のリズムにしましょう。

●リズムパターン

① 『南の島アイランド』を歌いながら、リズムパターンで動きます。
　慣れてきたら2人組で向かい合い、②は2人で手を合わせ、④は、やしの木の根っこのように、2人でゆっくり膝をくっつけます。

② ピアノを入れる場合も、伴奏をリズミカルに、♫ のリズムでスイングします。
　前奏と間奏はメロディが同じなので、間奏のところで、パートナーを交替しましょう。

●やさしいカノン

やさしいカノンをしてみましょう。5～8小節目までの1フレーズを使って行います。

①最初は①と②のリズムのみを使って試してみましょう。2人組で先にはじめる人を決め、リズムに動作をつけてたたきます。もう1人は1小節遅れで行います。

②次は、①～④のリズムで試してみます。
　リズムができたら、歌いながらやってみましょう。
　「みなみのしま　アイランド」（5～8小節目）の
　メロディを2回くりかえして、カノンにします。
　●『南の島アイランド』の伴奏は、カノンではない
　　ので使いません。カノンに使用するときは、右の
　　伴奏例のように演奏します。

③リズムに合った簡単な動きを考えて、①～④のリズムそれぞれに動きをつけましょう。
　覚えやすくまねしやすい、4つの違いがはっきりする短い動きを作り、歌いながら通して
　みましょう。できるようになったら、2組に分かれてカノンをしてみましょう。
〈例〉
　①大きく1回ジャンプ！　②木登りの動作　③双眼鏡をのぞく　④ライオンがガオーッ！
　　　　　　　　　　　　　　　　　　　　　　　　　　　　（両腕をライオンの口にして開ける）

◉リズムフレーズ
①4小節ずつの大きいフレーズで、動作を作ってみましょう。
　4フレーズあるので、4つのグループに分かれて、体を動かしながらアイディアを出し合っ
　て作ります。
　できあがったら、ピアノの伴奏をつけて、グループで通して行いましょう。
　最後は、1人で4フレーズをすべて通して動きます。すてきなダンスのできあがり！
〈例〉
　1フレーズ目「みなみのしま　アイランド」（島の人が太鼓をたたく動作）
　●4拍ずつ（♩♩♩♩）打つ場所を移動させましょう。
　2フレーズ目「やしのきゆれる　パラダイス」（揺れる動作）
　3フレーズ目「ジャングルたんけん　たのしそう」（ライオンやゾウになって動く）
　4フレーズ目「なみのりしよう　あおいうみ」（舟をこいだり、泳いだりする動作）
　最後の「ヘイ！」（元気よく握ったこぶしを上げる）etc.

　●フレーズの動きが重ならないように、イメージが決まったら、みんなに伝えておきましょう。
　　紙に描いておくとはっきりします。

★活動の応用★
　ワクワクした気持ちで行う『南の島アイランド』と、スリルを感じさせながら活動する『ジャ
ングル ジャングル』を、つなげて活動することもできます。簡単なストーリーをつけて、気
持ちが自然につながるようにしましょう。
〈例〉
　飛行機に乗って、海を渡ってやってきた南の島。みんなはどんなことがしたい？
　・海の底にもぐってみよう・大波になって走ろう・大波を飛びこえよう etc.

　『南の島アイランド』をたくさん歌ったり動いたりした後は、ジャングル探険です。みんな
で『ジャングル ジャングル』を歌い、絵本を見たり、ジャングルの話をしたりして、気持ち
を盛り上げていきましょう。

拍・休止・速さ

雨ふりワイパー

作詞・作曲　坂本真理子

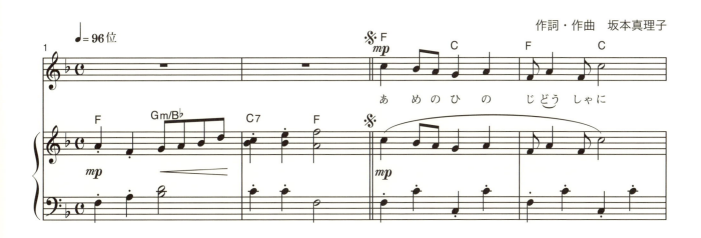

✱あそびかた✱

「タクシーって知ってる？」「どんなときに乗るのかな？」など、問いかけからはじめると子どもたちの想像が広がります。
　・おばあちゃんを駅に迎えに行ったとき。
　・お出かけで雨が降ってきたとき。荷物がたくさんあったから。etc.
子どもたちが話しはじめてくれればしめたもの。活動のきっかけにします。
タクシーに乗った経験のない子もいるので、例を出して「こんなとき、お母さんやお父さんはどうすると思う？」などと、子どもに聞いてみてもいいでしょう。

◉タクシーの運転手さんになってあそぶ

①子どもたちはタクシーの運転手さん。子どもタクシーになって、好きなところへ走っていきます。指導者はお客さんです。いろいろな場所から、「タクシー！」と手をあげて呼ぶ動作をします。子どもタクシーは、すぐに呼ばれた場所へやってきます。
　子どもの人数が多い場合には、7～8人ずつに分け、グループごとに行ってもよいでしょう。
　●指導者は、いろいろな場所からランダムに、「タクシー！」と呼びます。さまざまな登場人物になり、声の調子や動作を変えて行うと、活動がさらに楽しくなります。

②2人組になり、フープは2人で1個使います（フープは、幼児が1人入れるくらいの大きさのものがよい。直径45cmくらい）。フープの輪の中に1人が入り、もう1人は後ろに並びフープの後ろを両手でつかみます。フープに入っている人がタクシーの運転手さん、後ろがお客さんです。急がずに、音楽に合わせて走っていきましょう。（譜例1）

譜例1

etc.

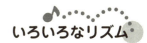

③ピアノの合図、トリル（*tr*〜〜）が聴こえたら、運転手さんとお客さんは交替します。（譜例2・3）
　●譜例2・3は、譜例1の活動に加えて使います。指導者が弾きやすいほうから試してみましょう。

　ルール：運転手はフープの輪から出て、相手の人にやさしくフープをかけましょう。
　　　　　フープは両手で持ち上げ、頭のほうから取ると、すみやかに交替できます。
　　　　　ルールが守られれば、交替の合図が早くても、スムーズに動けます。

◆**交替するときの伴奏例1**（フレーズの後に、止まってから交替の合図を入れる方法）
　フレーズとフレーズの間に交替の合図を音でつけ足します。（譜例2）

◆**交替するときの伴奏例2**（フレーズの後半部分に、交替の合図を入れる方法）
　フレーズの最後の音にフェルマータ（𝄐）をつけ足してトリルにし、交替の合図にします。（譜例3）

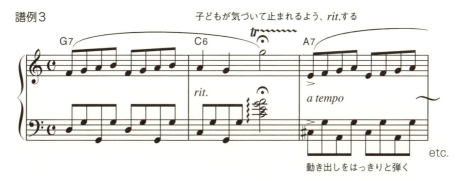

　●トリルの後の動き出しをはっきりと弾くことが大切です。
　　子どもたちも活動に慣れてくるので、ワンパターンにならないよう留意しましょう。

●**ワイパーの動きであそぶ**
①雨？こんなときはどうするの？ワイパーを動かしましょう。
　ワイパーの絵を描きます。それを見せながら腕のワイパーを、シュクシャクと動かします。
　指導者の動きに合わせて、子どもたちも腕のワイパーを動かします。〔模倣活動〕
　指導者のワイパーが止まったら、みんなのワイパーもストップしますが、またすぐに動きにもどります。
　止まっている間も、ワイパーをシュクシャクと、心の中で鳴らしていましょう。

②今度はピアノに合わせて腕のワイパーを動かします。動かし方は2通りあります。
　❶両腕を左右一緒の方向へ動かす。
　❷両腕を合わせて「開く」「閉じる」で動かす。（幼児は❷のほうが動きやすいです）。
　ピアノが止まったらストップさせましょう。〔即時反応〕（譜例4）
　また、2人組になって両腕を合わせて、「開く」「閉じる」をしてみましょう。

譜例4

③雨の日は安全運転です。歩きながら腕のワイパーを動かしてみましょう。（譜例5）
　お天気になったら、ワイパーを止めて、また走っていきます。

譜例5

＊印は、1回目は **mp** で、くりかえしは **p** で演奏します。

「晴れてきた！」
44ページ「タクシーの伴奏例」（譜例1）へつなぐ。

④テンポの違うワイパーを動かしてみましょう。
〈バスのワイパー〉…ゆっくりとした動きで、力強く動く
ピアノのゆっくりとしたテンポの拍を聴き、動きのサイズも音楽に合わせて、大きく、力強く、腕を動かしましょう。（譜例6）

譜例6

〈ミニカーのワイパー〉…速い動きで、やさしく動く
譜例4を1オクターブ上げ、♩=132位（*mp*）で弾きます。
ピアノに合わせた速い拍で、腕を小さく、やさしく動かしましょう。
●バスとミニカーのワイパーを比較してくりかえし、速さの違う拍を感じられるようにします。

⑤おもしろワイパーを考えて、幼児の創造力を引き出しましょう。
体のいろいろなところを、ワイパーのように動かします。
親指ワイパー、おしりワイパー etc. おもしろい動きをたくさん考えて、みんなで見せ合ってまねしてあそびましょう。

◎「雨ふりワイパー」の歌を歌う
①7小節目「シュクシャク　シュクシャク」からは腕の動作をつけて、ワイパーの動きをしながら歌いましょう。
●ゆっくりのテンポ（大きい車のワイパー）や、速いテンポ（ミニカーのワイパー）でも歌ってみましょう。

②ウッドブロックやシェイカー、または他の打楽器を使って、ワイパーの「シュクシャク」のリズムに合わせて鳴らしましょう。
7〜10小節目の4小節の間、リズムがくずれなければ「やった〜！！」と、成功を子どもと一緒によろこんでください。
●7小節目「シュクシャク　シュクシャク」から、いろいろな打楽器を4拍ずつ（1小節ごと）交替に鳴らして、いろいろな音のワイパーを楽しみましょう。（ピアノの伴奏はお休み）

〈例〉

揺れる動き・フレーズ

かみテープ ゆらゆら

作詞・作曲　坂本真理子

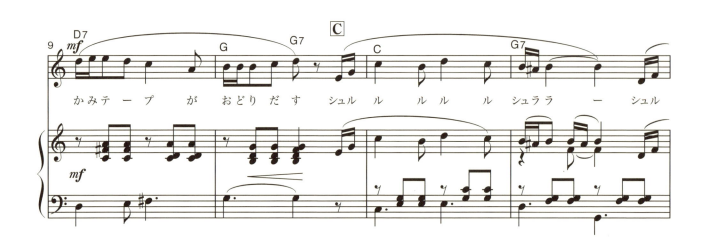

© 2001 by Japan Broadcast Publishing Co.,Ltd.

あそびかた

市販の紙テープを1mくらいに切って両手に持ち、音楽に合わせて揺らしてあそびましょう。紙テープは手に持つだけでは落としやすいので、ひもやリングにつけて持ったり、セロハンテープでつめに直接はったりします。使い終わったセロハンテープの巻芯（直径8cmくらい）は、投げることもできるので好都合です。また、紙テープをカラフルにそろえると、見ていてもきれいで楽しめます。

この曲はA B C D 4つの部分からできています。それぞれのメロディに合った動きをつけてみましょう。

①指導者（リーダー）の動きを見て、歌いながらまねをしましょう。
〈例〉「かみテープをゆらそうよ　かみテープをゆらそうよ」
指導者：ゆらす　　　　　→続けて動く
子ども：　　　　　　　　　みんなでまねする

A 両腕を、広げたり閉じたりして揺らします。紙テープの揺れるおもしろい動きを楽しみましょう。

B 1番は、上下の動きも使って大きく動かしてみましょう。2番は、利き腕で、小さいテープの波ができるように、速く動かしてみましょう。

C 自分も一緒に回ります。たくさん回ると目が回るので、次のように動きます。
シュルルル　ルル　シュラー
揺れる　　　揺れる　回る

D みんなで自由に動かしてみましょう。
リングごと投げてキャッチしてもOKです。

②メロディを覚えたら、歌詞をつけずに「ラララ」で歌います。（対象：小学生以上）

③1フレーズごとに、紙テープを持って動く人が変わるようにします。見ている人にも、フレーズの区切りやまとまりが、しっかり感じられるようにしていきましょう。（対象：小学生以上）
●1コーラスが8フレーズあります。1人ずつ順番に、紙テープと一体となったおもしろい動きをみんなの前で見せ合い、動くことに自信をもち、それぞれの個性を伸ばしていきましょう。

✻ あそびかた ✻

リーダーを決め、みんなの中心に立ちます。輪になって全体をaとb2つに分け、リーダーの方を向きます。

① A はフレーズが「問い」と「答え」の対話になっています。そのようすを、動きで表します。
「そらがはれたね」(問い)で、リーダーはaグループの方を向き、歌詞と同じリズムで話しかけるように手をたたきます。それに反応してaグループは、「しゃぼんだまをとばそう」(答え)で、リーダーの方へ軽くかけ足をして集まります。

② 次のフレーズは、bグループとの対話です。①と同様に動きましょう。
● ①も②も他の人は音楽に合わせて体を揺らします。リズムを正確に動くこと以上に、フレーズに含まれる対話の気持ちを大切にして動きましょう。

③ B は、リーダーも一緒にみんなと手をつなぎます。少しずつ後ろへ下がり輪を大きくしていき、シャボン玉が膨らんでいくようすを表しましょう。
16小節目「そらたかく」の後で手を離し、シャボン玉が風に吹かれて飛んでいるように、好きなところへ走って行き、揺れたり、回ったりして動きます。

④ C は2〜3人で手をつなぎ、ワルツのリズムに乗って自由に動きます。
フレーズの区切りの、ピアノの高音（♪♪♪）のところは、両手をつないだまま、ぐるっとひとまわりしてフレーズを感じて動きましょう。
● 音楽の途中に入れる音の合図（グリッサンドや装飾音）がうまく入らないときは、音楽を止めたりせず、替わりにタイミングよく声かけをしたり、トライアングルでトレモロを鳴らしたりして行いましょう。

模倣・速さ・ニュアンス

どうぶつのガボット

作詞　坂本真理子
作曲　J.S.バッハ
編曲　坂本真理子

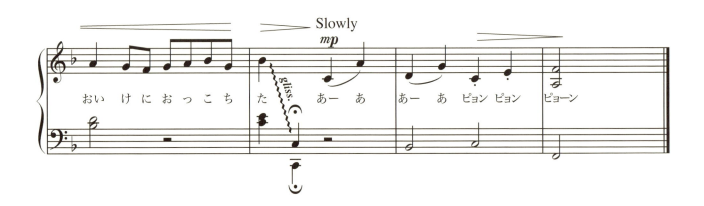

2. ねこ　♩=88位　ゆっくり

　　こねこの　ミーコと　あそぼう
　　ニャー　ニャー　ニャー　ニャー
　　ニャー　ニャー　ニャー
　　あわてて　へいから　おっこちた
　　あーあ　あーあ　ニャン　ニャン　ニャーン

3. にわとり　♩=120位　はやく

　　にわとり　チャロンと　あそぼう
　　ココココ　コケコッコ
　　コケコッコー
　　あわてて　こやから　にげだした
　　あーあ　あーあ　コケコッコー

いろいろなリズム

✱ あそびかた ✱

　　　　動物の特徴的な動きを模倣して、速さやニュアンスを感じとりましょう。

①絵本や写真、実際の動物を見たりして、この歌に登場する動物たちの動きをイメージし、
　音楽を入れずにまねして動いてみましょう。
　　・うさぎ　　　中くらいの速さで、ピョンピョン両足で跳ぶ。
　　・ねこ　　　　ゆっくり、ニャーニャー鳴きながら歩く。
　　・にわとり　　せわしなく、コッコッコッコと走り回る。

②絵本を見て想像し、歌に合わせて動作をつけましょう。動作の同じところがあるので、大
　人と一緒になら1歳半くらいからでも動作あそびとして可能です。

〈1.うさぎ〉
「うさぎの　ピョンコと　あそぼう」
　…立ったまま、手でうさぎの長い耳を作り、音楽を聴いて動かす。
「ピョン　ピョン　ピョーピョン　ピョン　ピョン　ピョーン」
　…両足でピョンピョン跳ぶ。
「あわてて　おいけに　おっこちた」
　…両手をくるくる回して、床にすわる。
「あーあ　あーあ　ピョン　ピョン　ピョーン」
　…「あーあ　あーあ」で片手ずつ交互に手の甲をなで、「ピョン　ピョン　ピョーン」で両手を耳にして
　　3回動かす。

〈2.ねこ〉
「こねこの　ミーコと　あそぼう」
　…すわって、ねこの手をまねして動かす。
「ニャー　ニャー　ニャー　ニャー　ニャー　ニャー　ニャー」
　…両手と両膝をついて、ねこのように動く。
「あわてて　へいから　おっこちた」
　…〈1.うさぎ〉と同様、両手をくるくる回して、床にすわる。
「あーあ　あーあ　ニャン　ニャン　ニャーン」
　…〈1.うさぎ〉と同様、手の甲をなで、ねこの手で3回動かす。

〈3.にわとり〉
「にわとり　チャロンと　あそぼう」
　…立った姿勢で、にわとりの羽やくちばしなどをまねして動かす。
「コココロ　コケコッコ　コケコッコー」
　…せわしなく走り回る。
「あわてて　こやから　にげだした」
　…〈1.うさぎ〉と同様、両手をくるくる回して、床にすわる。
「あーあ　あーあ　コケコッコー」
　…〈1.うさぎ〉と同様、手の甲をなで、にわとりの羽かくちばしを手でまねして3回動かす。

3拍子のフレーズ・3部形式・メヌエット

王女さまのドレス

作詞・作曲　坂本真理子

☆ Bの歌詞が必要な場合は、（　）の中の歌詞で歌います。
　ABAの3部形式の活動ではAの歌詞だけ使い、Bは歌詞をつけずに「ラララ」で歌いましょう。

〈動機づけ〉

　右の物語の内容を子どもたちに話してから活動に入ります。

　また発展として、その後のストーリーの展開を自由に作ることもできます（例参照）。音楽のテーマに合わせて、いろいろな活動を創作しましょう。

〈例〉
　王女さまが気に入ったドレスは、たったの1着。それを作った仕立て屋は、王様に「王女さまと結婚したい」と言いました。…いよいよ結婚式の準備です。etc.

　あるところに、王女さまをとてもとても大切にしている王様がいました。やがて、王女さまは成長し、結婚する年頃になりました。そこで王様は、王女さまに、世界中で一番すばらしいドレスを作ろうと考えました。

　王様は、国中の仕立て屋を集めて、「王女に一番すばらしいドレスを作ったものに、何でも欲しいものをあげよう」とおふれを出しました。

　国中の仕立て屋は、王女さまの気に入るドレスを作ろうと、毎日夢中に仕事をしました。

54

あそびかた

2人組になって仕立て屋になる人、王女さまになる人を決めます。
男子が王女さま役になるときは、王女さまの代わりに採寸してもらう家来という設定で行うとよいでしょう。

①仕立て屋は王女さまのドレスの寸法を計ります。
　王女さま役は、立って、両手を広げて寸法を取らせます。
　歌を歌いながら、フレーズを感じて、メジャーで計る動作をします。
　●寸法を計る動作は、片方の手は王女さま役の肩に残し、もう一方の手をメジャーをのばすように広げます。各フレーズごとにそれぞれ矢印の方向へ動かします。

1.「おうさまの　たいせつな」　　2.「おうじょさまに」

3.「だれよりも　すばらしい」　　4.「ドレスをつくろう」

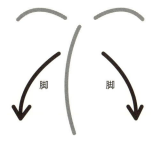

　●4.のところで仕立て屋役の人は、小さくかがんで、王女さまの広げた腕の下をくぐるように1周します。（レースの飾りをつける動き…両手を前にしてヒラヒラ速く動かしながら回る）

終わったら役を交替し、もう一度 A の部分を使って行いましょう。また、動いた後は右図のように、歌いながらフレーズでドレスの絵を描いてみましょう。

②今度は3部形式にして、A B A の動きを2人組で行ってみましょう。
　A ①の動きを行います。
　B 役割を交替して行います。歌詞をつけずに「ラララ」で歌います。
　A 1〜2小節目…2人で向き合い、1拍目は自分の手、2、3拍目は相手と手を合わせてたたきます。
　　3〜4小節目…両手をつないで1周回ります。
　　5〜8小節目は、動きをくりかえします。

あそびかた

子どものリズム体験に、世界のいろいろな音楽をとり入れたいと思います。アメリカ生まれのジャズにルーツを置く、ブギウギのリズムに乗って、体を好きなように動かし、水鉄砲のタイミングを決めましょう。

① A からの「みずでっぽうで」のところは、♩♩♩♩ のリズムに合わせて片手ずつ交互に水鉄砲を撃つ動作をします。「あそぼう」のところは、♩♩♩♩ のリズムに合わせ弾んだステップで動きます。
13小節目〜は「シュッ」に合わせて、あちこちにたくさん水鉄砲を撃つ動作をしましょう。

② B からは、『まと』を決めて、「シュッシュッシュッ」で同じところを3回ねらい撃ちしたあと、弾んだステップで別の場所に移動し、くりかえしましょう。その他の部分は、自由にリズムに乗って動きます。

まちどおしいな

歌のフレーズを感じる・リズムを入れ呼吸を合わせる

作詞・作曲　坂本真理子

✤ あそびかた ✤

　「楽しみなことがあるんだ」と、子どもたちから話しかけられると、聞いているほうも、わくわくしてうれしくなりますね。子どもたちには、クリスマスやお正月、夏休み、誕生日、1年生になる日など1年を通して「楽しみだな」「待ち遠しいな」という気持ちをもっていてもらいたいと思います。
　（　　）内に、クリスマスや夏休み、誕生日など、子どもの身近な「待ち遠しい」気持ちに合わせて歌詞を入れて替え歌にして歌いましょう。
　あるいは、こんな替え歌があってもいいでしょう。
〈例〉
　「もうすぐ　でてくるね　かわいい　おたまじゃくし」「でてきたら　えをかこう」
　家族や友だちと、またはいろいろな集まりで、待ち遠しい気持ちをみんなで歌い、共感し合いましょう。

①最初は曲のはじめからいきなり歌わずに、「もうすぐ○○○○○」の部分のみを指導者が、リズムをつけて歌います。そして、楽譜にあるように4分音符で2回、手をたたきます。

②うまく手をたたけるようになったら、伴奏なしで歌を通して歌います。楽譜にあるように、フレーズの区切りでリズムをたたきましょう。

③リズムを♪♩や♪♪♪♪♩に変えてみましょう。2人組で手をたたいたり、手をたたく代わりに脚でリズムを踏むこともできます。タンバリンなど、いろいろな音のする楽器を入れて、にぎやかに楽しむのもよいでしょう。

59

4拍子・3拍子

アップルジュースどうぞ

作詞・作曲　坂本真理子

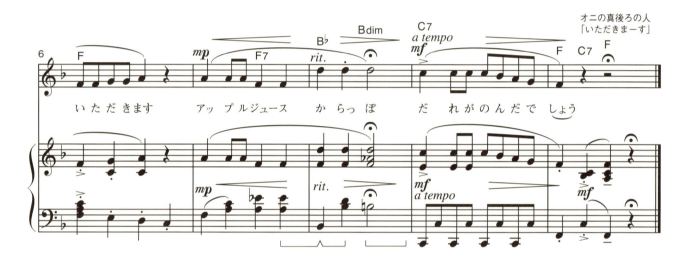

＊あそびかた＊

音楽ゲームは、動きながら楽しく、音楽やリズムをくりかえすことができるので、あそんでいるうちに拍子の感覚を身につけていくことができます。また、同じ旋律を、拍子を変えて歌ってみると、それぞれの拍子のもつ特徴が浮かび上がってくるので、子どもたちは、知らず知らずのうちに、拍子の特徴を感じて歌ったり、動いてあそべるようになります。

① 5人〜15人くらいであそびます。
　手をつないで輪を作り、オニを決めます。オニは輪の中央にすわります。

② 「アップルジュース」（♩♫♩♩）は、言葉通り4拍子です。3〜8小節目は前と後ろにそれぞれ4歩ずつ、手をつないでステップします。
　●各小節の1拍目は、膝を曲げて深く踏み、アクセントを感じて動きます。

③ 8小節目のフェルマータ（𝄐）で歩くのを止め、9小節目では手をつないだまま、オニの周りを走ります。フェルマータの後からオニは両手で目を隠して見えないようにします。

④ 9小節目〜「だれがのんだでしょう」の「しょう」で走るのを止め、オニの真後ろの人が「いただきまーす」とオニに聞こえるように言います。
　オニは、だれの声か目を隠したまま当て、当たっ

アップルパイどうぞ

作詞・作曲　坂本真理子

☆ヘ長調の他にト長調でも試してみましょう。くりかえしに変化がつきます。

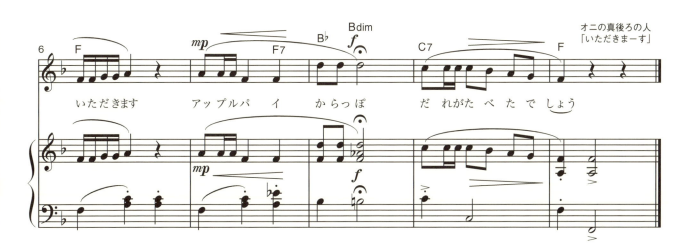

たらオニを交替します。
- オニは次々交替したほうがおもしろいので、当たらないときはヒントを出して、だれの声か当たりやすくします。
- 同じ人ばかりが当たるときは、9小節目の「だれが」のメロディを数回くりかえします。
「だれが」を何回言うか、目を隠すときにオニに言ってもらうと、スリルが増しておもしろくなります。
（ピアノで伴奏するときは、その部分をくりかえして演奏する）

⑤3拍子の『アップルパイどうぞ』も同様にあそべます。
オニの真後ろの人が言う「いただきまーす」を、声を変えて言ったり、猫の声にしたり、慣れてきたら少しずつ難しくしていきます。

⑥ゲームを終えたら、最後にみんながどれくらい拍子を感じて歌えるか、膝と手を使って4拍子や3拍子でたたきながら歌います。
また、2人組で手をたたき、「だれがのんだでしょう」の10小節目のところでジャンケンをして、負けた人が残っていくというゲームにしても、楽しく続けることができます。

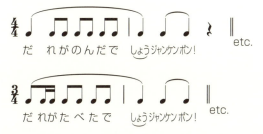

ポップポップ ポップコーン

スキップ・フレーズ・ポーズ・4拍子

作詞・作曲　坂本真理子

＊印の（　）内の歌詞は、ボールを使っての活動のときに使います。
「だいぼうけん」のところは、（2番）のメロディを使います。

◆譜例1：スキップ伴奏例

◆譜例2
〈カラーゴムを使う〉ピアノ後奏例

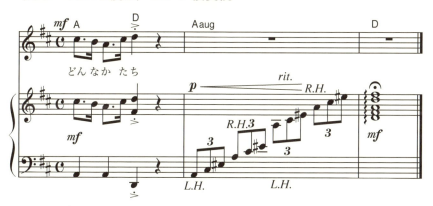

◆譜例3
〈ボールを使う〉ピアノ後奏例

✲あそびかた✲

　「ポップコーン」という言葉そのものから、子どもの弾んだ気持ちが、さらに、はち切れるような楽しさを感じます。対象児の年齢に合わせてテーマを決め、1つの歌から、いろいろな活動へと発展させていきましょう。

　「ポップコーン食べたことある？どうやって作るか知ってる？」など、子どもたちに問いかけ、発言のきっかけを作りましょう。動きに入る前の動機づけは、能動的な活動を行うために大切なことです。ポップコーンを見たり、匂いをかいだり、触ったりして五感で感じとることもいいでしょうし、あるいは、ポップコーンが膨らんで、はじけるようすを自分の体で表現してみるなど、表現あそびをしてからリズムの活動に入ると、イメージが膨らんで、生き生きとした活動になります。

●動いてあそぶ

　スキップ、フレーズ、ポーズをねらいとして行います。幼児で、「できたて　ポップコーン」という言葉が言いにくい場合は、「アツアツ　ポップコーン」に変えて歌いましょう。
①1フレーズ目は、好きな方向へスキップして行きましょう。（スキップの伴奏は譜例1参照）

②2フレーズ目は膝を弾ませ、両腕も「ポップポップ」の感じで弾ませます。両腕で軽く、体のいろいろなところを、ランダムにたたくのもよいでしょう。

③3フレーズ目の「ポップ　ポップ」で、スキップにもどります。「どんなかたち」の最後でポーズをとります。練習のように、ポーズをとるタイミングをつかむ練習をしてからスキップへつなげると、活動がスムーズにいきます。

● 道具を使ってあそぶ

〈カラーゴムを使う〉 ※カラーゴムは太さ4㎜くらい、引っ張った感じはやわらかめのものが適しています。

①2人組になり、カラーゴム（2.8mくらいを輪にしたもの）の中に入ります。腰のところにゴムをあて、手で軽く支えます。

まず、ピアノを入れずに、言葉のリズムで動きのイメージをつかみます。

はじめの「ポップ」3回は、リズムに合わせて膝を弾ませ、「コーン」でジャンプします。

● 要領を覚えれば、すぐにいろいろな方向へ跳びたくなります。ゴムの中で跳ぶので自由も利き、逆に離れすぎることもなく行えます。

②音楽を入れて行います。8小節目までが、①の動作です。

9、10小節目の「できたてポップコーン　どんなかたち」の後で、ゴムを使って好きなように形を作りましょう。慣れてきたらゴムを持ったまま、体を使ってポーズをとると、さらにおもしろい形を作ることができます。（ピアノ後奏は譜例2参照）

〈タンバリンを使う〉

①タンバリンを持ち、リズム譜のようにたたきます。4拍子の4拍目をたたいてから、場所を移動し、次の小節1拍目の強拍につなげます。

「できたてポップコーン」から、スキップしていき「どんなかたち」で、タンバリンを持ったまま、いろいろなポーズを決めましょう。（「動いてあそぶ」③と同様）

②2人組でタンバリンを1つ使い、1人はタンバリンを両手で持ち、もう1人はそれを①と同様に打ちます。タンバリンを両手で持っている人は、相手が4拍目をたたいたら、タンバリンを移動します。「できたてポップコーン　ハイ！交替！」と替え歌にして、歌が終わったらタンバリンを持つ人を交替します。相手の人がたたきやすいところにタンバリンを移動させていくようにしましょう。

1人がタンバリンを持ち
もう1人が拍をたたく

相手が4拍たたいたら、すぐに
タンバリンの位置を移動する

〈ボールを使う〉

ポップコーンの躍動感を、ボールをついてとる動作と重ね合わせ、4分の4拍子のリズムを伸び伸びと感じとっていきます。下のリズム譜にあるような、拍それぞれのもつエネルギーをしっかり感じとれるようにしましょう。ゲームをしながら、楽しくよい動きにしていきます。

1拍目…アクセントを意識してボールをつく
2拍目…ボールをキャッチ
3拍目…エネルギーを保つように上に上げていく
4拍目…次の1拍目に向けて準備し、ボールを高く持ち上げる
　　　（1拍目に戻って、くりかえし行いましょう）

ボールを1つずつ持ち、4拍子の1拍目でボールをつきます。
「さいごのポップコーン　だいぼうけん」の「けん」で、ボールを強く1回、自分の足元にバウンドさせ、すばやくその場で一回転して、ボールをキャッチします。小学校の中・高学年には最適です（ピアノ伴奏は譜例3参照）。また、低学年は一回転する代わりに、ボールを頭上に高く投げ両手でキャッチするまでの間に、何回手をたたけるかというゲームをするなど、楽しく挑戦してみましょう。

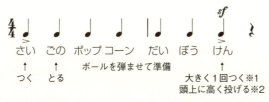

※1 中・高学年…ついたボールをキャッチするまでに、すばやく一回転する
※2 低学年…頭上に投げたボールをキャッチするまでに、何回手をたたけるか挑戦する

●一回転するために、高めの天井や、弾むボールなどの条件が必要です。

発表会・集会に

みんなの心をひとつにする

世界中の子どもたち

作詞・作曲　坂本真理子

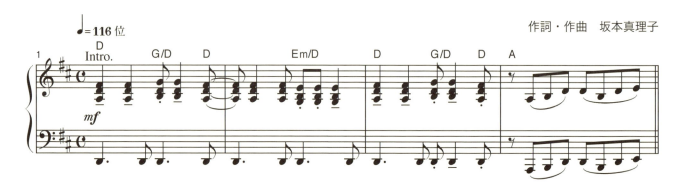

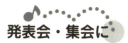

 ねらい

『世界中の子どもたち』『みんなの夢が かなう星』『星の王子さま』『ビンバ サンバ』の4曲は、発表会やいろいろな集会で活用できます。

動きを、すぐに覚えて、みんなで動きながら楽しめる曲。はしゃいだ後に、気持ちを静め、呼吸を整える曲。打楽器を入れたり、音を加えたりして、リズムの楽しさを感じながら歌う曲。目的や方法はいろいろですが、どれも、音楽が心に訴えかける力を信じて曲を作りました。歌の音程やリズムのズレよりも、ビートを感じて体を動かしたり、スイングしたり、自分のしたい動作で自由に踊るということも大切にしたいと思います。

その上で、簡単なリズムパターンを曲に合わせて手でたたいたり、友だちと組んで動作するなど、テーマをいろいろ決めて行っていきましょう。直接のつながりはなくても、リズムの課題を、リズムゲームのように発展させて、感覚的で、即時性をもつ反応にまで活動の幅を広げられれば、そのプロセスは、さらに大きな意味をもつことになるでしょう。

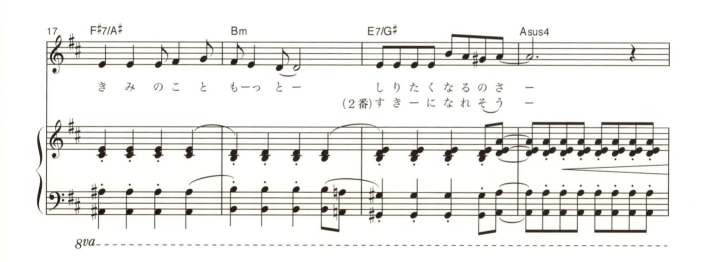

あそびかた

歌を知らなくても、一緒に動作をしているうちにすぐに覚えて、動きながら歌い、みんなで楽しむことができます。歌を覚えるよりもまず先に、指導者やリーダーが、みんなの輪の中に入って、歌いながら動作を示し、みんなと一緒に行ってみましょう。すぐに動けるようになります。動きが気持ちを元気にしてくれるので、だんだん声も出てくるようになり、10分もすれば、みんなで気持ちをひとつにして、楽しめるようになります。

曲は、A B C 3つの部分からできています。

① A 手をつないで、みんなで大きな輪を作ります。
　5小節目〜「せかいじゅうの　こどもたちが」のフレーズで、左方向へ元気よく歩いていきます。
　　●歩くリズムは、4分音符のビート（拍）とします。
　9小節目〜「てをつなごう　わをつくろう」で、方向転換して右方向へ歩きます。フレーズの区切りで方向を変えます。

② B の13小節目〜「ひとり　ひとりが」のフレーズは、手をつないだまま、中央へ歩いていきます。〔収縮〕
　15小節目〜「ちがって　いるから」は、そのまま後方へ、歩いてバックします。〔拡大〕

③ 17小節目〜「きみのこと　もっと」のフレーズは、つないでいる手を離し、メンバーの顔を見ながら、ビートに乗ってあちこち指で指します。
　19小節目「しりたくなるのさ」（1番）と「すきになれそう」（2番）は、手を横に広げてその場でひと回りします。
　21小節目「１２３４!!」のかけ声は、「ワン　ツー　スリー　フォー」と音程をつけずに元気よくカウントを取りましょう。
　　●片手を上げてカウントを取ると、かっこよくきまります。

④ C の22小節目〜「オー　オー　オー」は、両腕を上げOの形にし、歌に合わせて体を3回揺らします。24小節目「ヤー　ヤー　ヤー」は、上げた両腕を開いてYの字にし、「オーオー　オー」のときと同じように、体を3回揺らします。
　25小節目〜「ハイホ　ハイホ」のフレーズは、小人や海賊の踊りのように両手を握り、最初の「ハイ」で準備し、「ホ」で床を踏み、次の「ハイ」で跳びます。片足ずつ交互にくりかえして、楽しく踊りましょう。

⑤ 28小節目「パーオ　パオ　パー」は、ゾウの挨拶。ゾウさんの長い鼻を腕で作って、大きく3回揺らします。

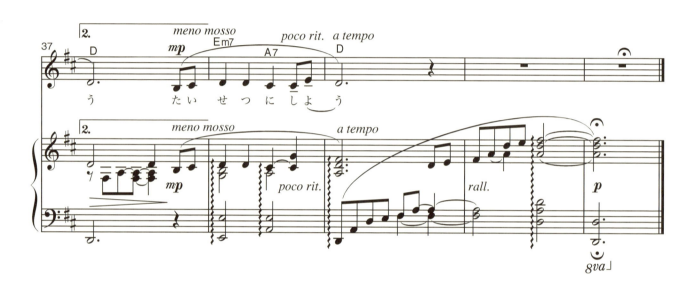

✲ あそびかた ✲

静かにお話をするように歌います。体を揺らすなど、思い思いの動きで楽しみましょう。

トライアングルを、交替で静かに鳴らしたり、ハンドベルを使って音を加えてもきれいです。

●楽器を使う
〈トライアングル〉

① 4分の4拍子・全音符で鳴らします。
   ●1小節鳴らしたら、1小節休みましょう。
② Ｂ の20小節目〜「まだ だれも」からは、休みます。
③ Ａ の28小節目〜「みんなの ゆめが」からは、トライアングルを入れてもどります。

〈ハンドベル〉

Ｂ の20小節目〜「まだ だれも」からは、4分の4拍子・2分音符で次の和音を入れます。

〈ハンドベルの楽譜〉

〈使用する音〉

※1オクターブとG♯を使う。（下のDは使わない）

●3部形式を感じる

この曲は、 Ａ Ｂ Ａ の3部形式でできています。

① Ａ は、みんなで歌いましょう。
② Ｂ のフレーズは、歌詞が話し言葉になっています。
  「まだ だれも しらないよ できたてのほしだから」
  「まだ だれにも いえないよ ひみつのほしだから」
  全体を2グループに分けて、交替に歌えば、言葉の意味がはっきりしてきます。
  また、 Ａ の部分との違いがはっきりしてくるので、3部形式を感じることができます。

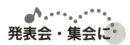

相手と係わって動く（協調性）

星の王子さま

作詞・作曲　坂本真理子

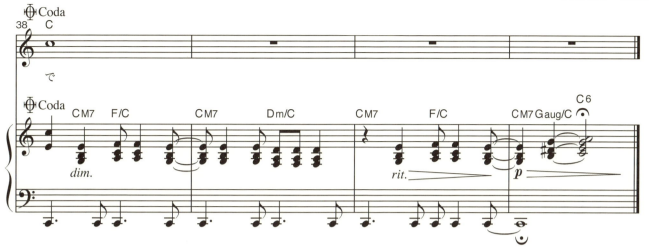

✱ あそびかた ✱

　ご存知、サン＝テグジュペリの不朽の名作『星の王子さま』をイメージして、現代の子どもたちに、エールを贈る歌として作りました。子どもたちにとって、幼稚園、保育園、そしてみんなが集まる場所は、新しい発見や驚きのある小惑星なのかもしれません。歌詞が、「あそんだ」「うたった」と過去形になっているので、一区切りの達成感を味わう時期やタイミングに行うと、気持ちとぴったりするでしょう。相手と係わって動くことに慣れるようにしていきます。体ごと楽器になって、音楽を楽しみましょう。

曲は、Ａ と Ｂ ２つの部分からできています。

① Ａ の９小節目〜「ぼくは　ほしの　おうじさま」のフレーズは、（ ♩ ♪ ♪ ♩ ）のリズムで、手をたたいて歌います。12小節目からの「イェ　イェイ　イェー」と「ウォ　ウォウ　ウォー」は、両手もしくは片手を上げて、ジャンケンのグーに親指を立てるグッドサインを作り、（♪ ♩ ♪ ♩。 ）のリズムに合わせて動かします。

② ２番の「みんなは　ほしの　おうじさま」のフレーズは、①と同じリズムで手をたたきながら２人組になり、「イェ　イェイ　イェー」から、①と同じようにグッドサインを作り、２人でやさしくタッチして、リズムに合わせます。

③ Ｂ の20〜31小節目までは、２人組あるいは３人組になって次のように動きます。

● 歩くリズムは元気よく、次の動作（握手、手たたき、揺れる）にスムーズにつながるよう、近くの人とすぐに組めるようにしましょう。

④ 31小節目〜「みんな　みんな〜」は、最後のフレーズなので、盛り上がりと曲の終わりを感じることができるように、近くの友だち同士が歩きながら手をつないでいきます。「このほしで」の「で」のタイミングで、つないだ手を元気よく上げましょう。

● くりかえしの間奏で、それぞれ自分の周りに間隔を空け、最初の動きにもどります。

✲あそびかた✲

　この曲は、大きく分けて、A と B 2つのメロディ部分からできています。
　C は間奏なので、ピアノと打楽器だけで演奏することもできます。
　自分のしたい動作で曲に合わせて動いた後で、曲の A B A の部分だけ子どもたちに聴かせます。曲の感じが変わるのはどの辺か気づかせ、その違いについても話し合いましょう。

① A のはじめから8小節目までは体でリズムを感じて、歌に合わせてリズムパターンをたたきます。次に好きな方向へ4分音符の拍で歩いていき、「うたおう」の「おう」で握りこぶしを上げましょう。B の1小節手前で2人組になります。（譜例1）

譜例1

② B から2人で両手をつなぎ、♩ で揺れます。フレーズ（4小節ずつ）の最後に、2人で手を合わせて ♫♩（チャチャチャ）のリズムをたたきましょう。タイミングがとれるようになるまで、♫♩ のタイミングを知らせる「ハイ」の合図を手をたたくリズムの直前2拍目に入れます。（譜例2）

譜例2

③ C は間奏です。脚の動作で感じてみましょう。

〈例〉　♩♩♩♩　1・2・1・2と感じて、1拍目で片足を横に踏み出し、
　　　 1 2 1 2　2拍目でアクセントをつけて膝をバネにして曲げて、
　　　　　　　　1で踏み出した足の横につけるようにします。

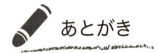 あとがき

　この度、幸いにも本書の再版の機会を頂くことになりました、株式会社スタイルノートの池田茂樹様に心から感謝申し上げます。

　また、初版制作、発行から現在まで、本書を育ててくださった、元オブラパブリケーション、三上さん、冨塚さんに改めてお礼申し上げます。

　そして最後に、恩師である、国立音楽大学名誉教授、故、江崎 正剛先生に人生における音楽の価値をご教授頂き、指導者として育てていただいたことは私の誇りです。先生に心より感謝申し上げます。

2018 年 11 月

坂本 真理子

こんにちは！リトミック さあ はじめよう

発行日　2018 年 11 月 21 日　第 1 刷発行（スタイルノート版）
　　　　2010 年 5 月 15 日　初版発行（オブラ・パブリケーション版）

著　者　坂本真理子
　　　　（さかもとまりこ）
発行人　池田茂樹
発行所　株式会社スタイルノート
　　　　〒 185-0021
　　　　東京都国分寺市南町 2-17-9 ARTビル 5F
　　　　電話 042-329-9288
　　　　E-Mail books@stylenote.co.jp
　　　　URL https://www.stylenote.co.jp/

イラスト　まえじまふみえ
印　刷　シナノ印刷株式会社
製　本　シナノ印刷株式会社

日本音楽著作権協会（出）許諾第 1812158-801 号
© 2010 Mariko Sakamoto　Printed in Japan
ISBN978-4-7998-0078-2　C3073

定価はカバーに記載しています。
乱丁・落丁の場合はお取り替えいたします。当社までご連絡ください。
本書の内容に関する電話でのお問い合わせには一切お答えできません。メールあるいは郵便でお問い合わせください。なお、返信等を致しかねる場合もありますのであらかじめご承知置きください。
本書は著作権上の保護を受けており、本書の全部または一部のコピー、スキャン、デジタル化等の無断複製や二次使用は著作権法上での例外を除き禁じられています。また、購入者以外の代行業者等、第三者による本書のスキャンやデジタル化は、たとえ個人や家庭内での利用であっても著作権法上認められておりません。